Löwenzahn und Pusteblume 2

Spracharbeitsheft

Teil A

Druckschrift

W0374231

Herausgegeben und erarbeitet
von Jens Hinnrichs
unter Mitarbeit von Petra Dalldorf, Jana Hofmann,
Katharina Kosjek, Ursula Schwarz, Brigitte Stöcker.

Mit Illustrationen von Karin Bauer, Antje Hagemann
und Felix Scheinberger.

Schroedel

Inhaltsübersicht

1 Basisaufgabe
2 Differenzierungsaufgabe

Texte = Texte verfassen
Sprache = Sprache untersuchen
RS = Rechtschreibung

Wenn der Bär nach Hause kommt

Wenn der Bär nach Hause kommt,
dann freun sich alle sehr,
denn meistens bringt er Honig mit
und manchmal auch noch mehr.

Frantz Wittkamp

1 Male und schreibe.

→ Lesebuch S. 8 – 9

Das Wiedersehen

Mama Bär ist wieder froh,
denn endlich sieht sie Mi und ________ .
Die Kinder kommen angerannt
mit Papa Bär an ihrer ________ .

„Wir haben dir was mitgebracht!
Hallo, Mama!" Mo winkt und ________ .
Weil Mama sich so freuen muss,
gibt sie allen einen ________ .

1 Ergänze die Reime im Gedicht.

Hand Kuss lacht Mo

2 Male in das Bild, was die Bärenkinder mitgebracht haben.

→ Lesebuch S. 8 – 9

Es las ein Bär

Es las ein Bär ein Buch im Bett.
Es blitzte draußen und krachte.
Der Bär lag, las und lachte.
Was las der Bär,
was las er im Bett?
Ein Buch voll ☐☐☐☐☐☐☐☐☐☐☐☐☐☐☐☐☐☐☐☐☐☐☐ und ☐.

Josef Guggenmos

1 Trage die Buchstaben in der ABC-Reihenfolge ein.

A B C D E F G H I J K L M N O P Qu R S T U V W X Y Z

2 Welche Buchstaben fehlen hier? Daraus ergeben sich zwei Lösungswörter.

a b c d f g h j k l m o p qu r t u v w x y z

_ _ _ _

_ _ _ _

b d e f g i j k l m n o p qu r s u v w x y z

a b c d e f g h i j k l m n o p qu r s t u v w x y z

3 Das ABC kann man auch singen.

ABC-Bilder

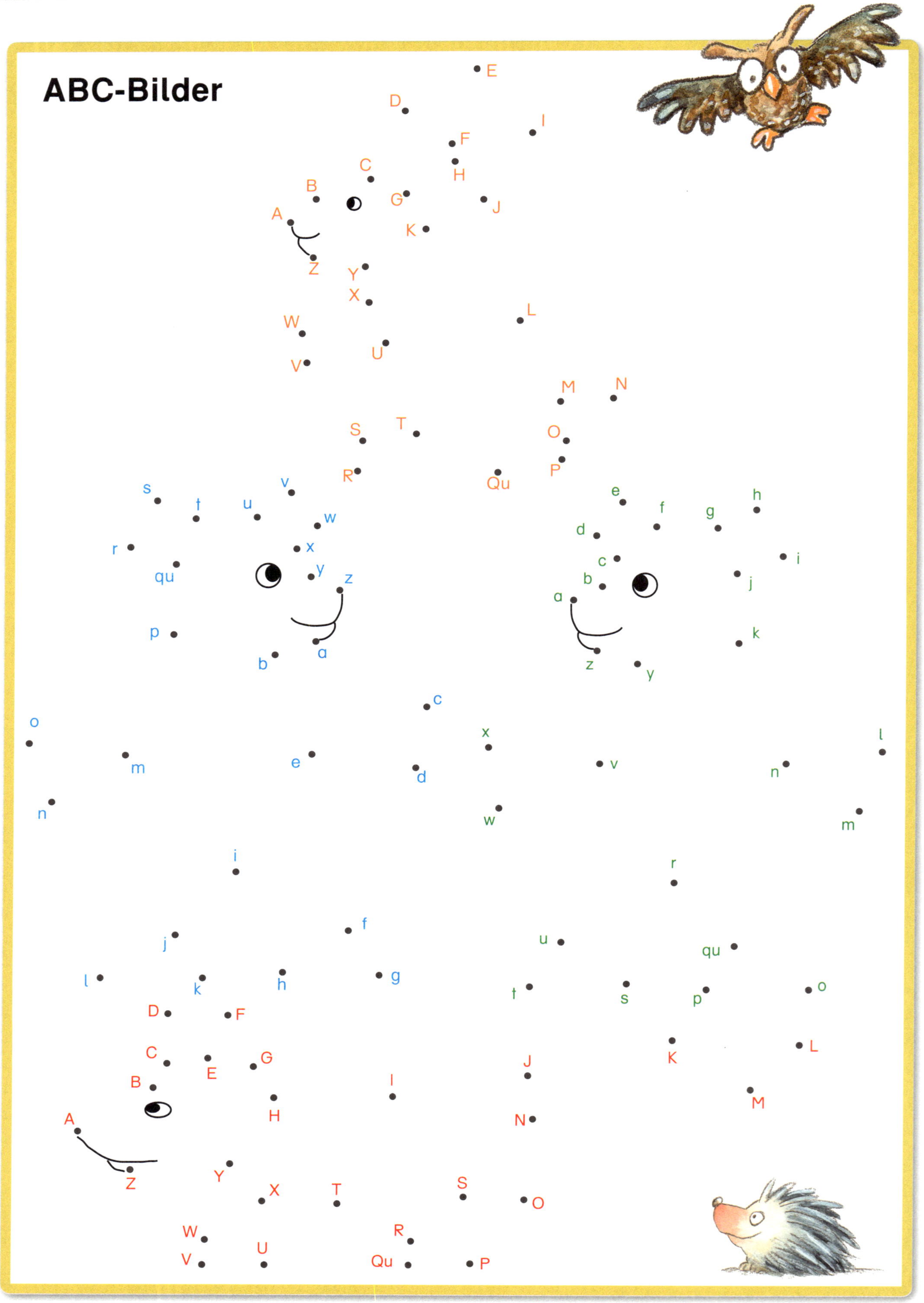

1 Verbinde die Punkte in der ABC-Reihenfolge. Schreibe die Namen neben die Figuren.

1
2
3
4
5

1 Ordne die Körperteile zu.

Beine Kopf Ohren Schnauze Tatzen

2 Trage die Wörter auch in den Text ein.

Der  hat ein dickes, zottiges Fell.

Er kann schnell laufen,

denn seine ____________ sind kräftig.

An seinen ____________ hat der  scharfe Krallen.

An seinem breiten ____________

hat er kleine, runde ____________

und eine lange ____________ .

→ Lesebuch S. 10 – 11

Der Braunbär lebt in Wäldern.
Er frisst Wurzeln und Beeren,
Insekten und Mäuse.
Honig mag er besonders gern.
Im Fluss jagt er auch

______________________ .

1

Der Braunbär wird sehr groß
und wiegt so viel wie vier Menschen.
Er ist nicht nur stark,
sondern auch schnell und geschickt.
Er klettert sogar auf

______________________ .

2

Im Januar kommen
die Jungen zur Welt.
Nach drei Monaten
verlassen sie die Bärenhöhle.
Schritt für Schritt folgen sie der

______________________ .

3

1 Trage die Wörter in die Texte ein.

Bäume   Fische   Mutter

2 Welche Bilder passen zu den Texten?

→ Lesebuch S. 10 – 11

Zwei Bären

a , ___ , ___ , ___ , ___ ,
zwei Bären lutschen Schnee,
___ , ___ , ___ , ___ , ___ ,
dann schlecken sie Kompott,
___ , ___ , ___ , ___ , ___ , p ,
der Bauch tut ihnen weh,
___ , ___ , ___ , ___ , ___ ,
sie legen sich zur Ruh,
___ , ___ , ___ , ___ , z ,
sie schnarchen um die Wett.

Anton Krilla

1 Trage die fehlenden Buchstaben in das Gedicht ein.

2 Lerne das ABC-Gedicht auswendig.

3 Trage die fehlenden Buchstaben in der ABC-Reihenfolge ein.

1

2

3

Lösungssatz: 1 ___ ___ 2 ___ ___ ___ ___ 3 ___ ___ ___ ___ .

1 ABC-Rätsel

2 ABC-Bild

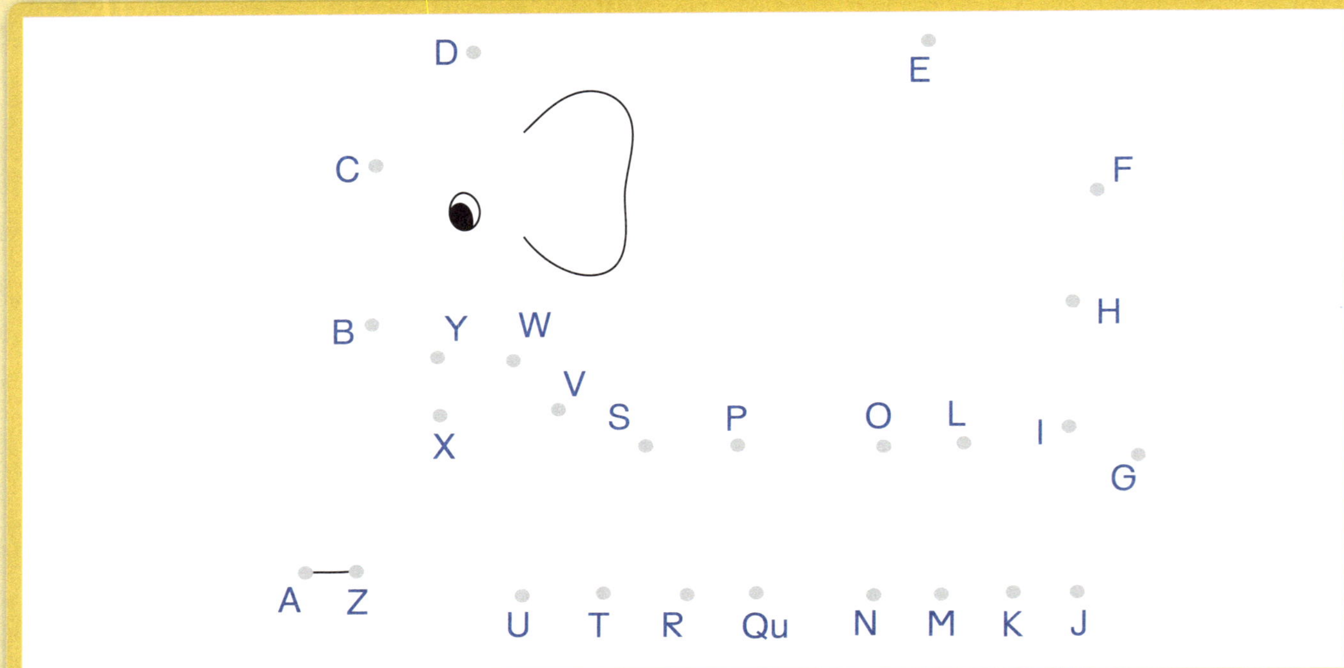

3 ABC-Rätsel

1 Bildteile einkleben.

Heft herstellen: ------ schneiden, —— falten;
die beiden Teile ineinanderlegen und heften.

Meine Familie

8

Familien
Familien
Familien
Familien
Familien
Familien

1

Felix hat eine Mama
und eine Oma.

6

Jörg und Jessica haben
keine Mama und keinen Papa,
nur eine Oma und einen Opa.

3

→ Lesebuch S. 12 – 13

Lisa hat nur einen Papa.

2

Frank hat zwei Mamas.

7

Fanny und Paul haben
zwei Mamas
und zwei Papas.

4

5

→ Lesebuch S. 12 – 13

1 Wie kommt Mi zu Mo? Verfolge ihren Weg und schreibe das ABC.
Schreibe die Selbstlaute rot und die Mitlaute blau.

A B C D E F G H I J K L M N O P Qu R S T U V W X Y Z

A, E, I, O, U
heißen **Selbstlaute**.

Alle anderen Buchstaben
im ABC heißen **Mitlaute**.

1 Selbstlaute

A a E e I i O o U u

2 Selbstlaute am Wortanfang

A E I O U

meise

lefant

gel

fen

hu

3 Selbstlaute im Wort

a e i o u

M nd

S f

M t r

S l t

R d

4 Selbstlaute tauschen

a – o a – u

H se

N del

5 Selbstlaute tauschen

o – u u – a

M nd

Sch le

Pech

Die Kinder spielen im  .

Sie schießen auf ein 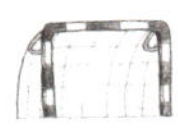 .

Auf einmal ist der  weg .

Er ist auf dem  gelandet .

Da kommt die  .

Sie bringt eine  .

1 Lies die Geschichte. Male das Bild fertig.

2 Schreibe die Wörter nach dem ABC geordnet auf.

Garten Tor Ball Dach Mutter Leiter

3 Schreibe die Wörter nach dem ABC geordnet auf.

Vater Kind Hund Oma Mutter Auto

1 Nach dem ABC ordnen

Nest		
Ball		
Hund		

Die unterstrichenen Buchstaben ergeben von oben nach unten gelesen immer ein Lösungswort.

2 Nach dem ABC ordnen

Tasse		
Wurst		
Nadel	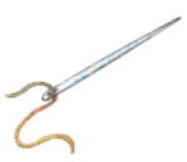	
Ofen		

3 Nach dem ABC ordnen

Regen		
Affe		
Salat		
Baum		
Opa		

Klassen-Rap

Wir stampfen mit den 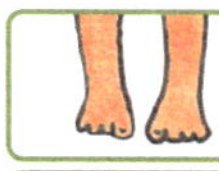 1 .

Wir haben Musik im  2 .

Wir haben Musik in den 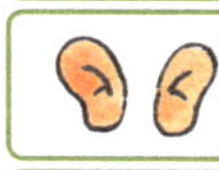 3 ,

in den  4

und in den  5 auch.

in den Ohren	s
in den Händen	i
mit den Füßen	M
in den Beinen	k
im Bauch	u

Bum bum – tap tap – tschaka tschaka – patsch patsch patsch.
Bum bum – tap tap – tschaka tschaka – olé!

1 Wie heißt das Lösungswort?

1	2	3	4	5

2 Die erste Zeile des Klassen-Raps kannst du verändern.

Wir hüpfen – in die Hände.
Wir schnipsen – mit dem Kopf.
Wir klatschen – auf der Stelle.
Wir wackeln – mit den Fingern.

→ Lesebuch S. 18 – 19

Instrumente bauen

Dosenrassel 1
- eine leere, saubere Dose
- kleine Steine oder grober Sand
- Klebeband

Gummizither 2
- eine Schachtel aus Plastik, Metall oder Karton
- verschiedene Gummis

Klapperrassel 3
- etwa 20 Kronkorken
- dünner Draht
- dicker Draht
- ein Hammer
- ein dicker Nagel

Dosofon 4
- 5 leere, saubere Dosen
- eine Rolle Klebeband
- ein Schraubendreher oder ein Trommelstab

N

T

Z

A

1 Ordne die Zettel den Instrumenten zu.

Lösungswort:

1	2	3	4

2 Denke dir für dieses Instrument einen Namen aus.

→ Lesebuch S. 18 – 19

Such uns!

 sucht und tastet.

Er erkennt  am  ,

 an ihrer  ,

 an ihrer  ,

 am 

und den  am  .

Nanu!  fühlt eine  .

Ist das ein  ?

Nein, das ist ________________ .

Bart
Brille
Feder
Fell
Hund
Indianer
Kette
Lisa
Mama
Oma
Opa
Papa
Tim
Zopf

1 Trage das fehlende Wort ein.

2 Schreibe die Nomen geordnet.

Lebewesen

Dinge

1

Nomen

Lebewesen

Dinge

2

Nomen

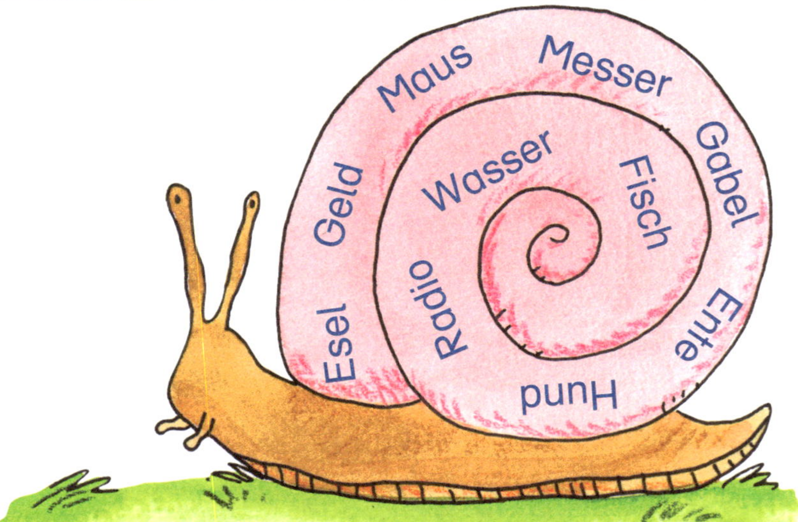

Lebewesen

Dinge

Mit den Händen sehen

Paul ist neugierig.
„Lisa, lass mal sehen,
was in deiner Kiste ist."
„Aber du musst mit den Händen sehen",
antwortet Lisa.
Sie verbindet Paul die Augen
und kippt ihre Kiste aus.
Paul tastet:
„Auto, Feder, Ring, Uhr,
Buch, Bär, Schere, Puppe,
Ball, Pferd, Telefon."
„Und?"

1 Welchen Gegenstand hat Paul nicht genannt? Trage das fehlende Nomen ein.

2 Was war in der Kiste? Schreibe die Nomen unter den richtigen Artikel.

der	die	das

Vor **Nomen** kann man **Artikel** setzen.

der Ball,
die Feder,
das Geld

1 Nomen

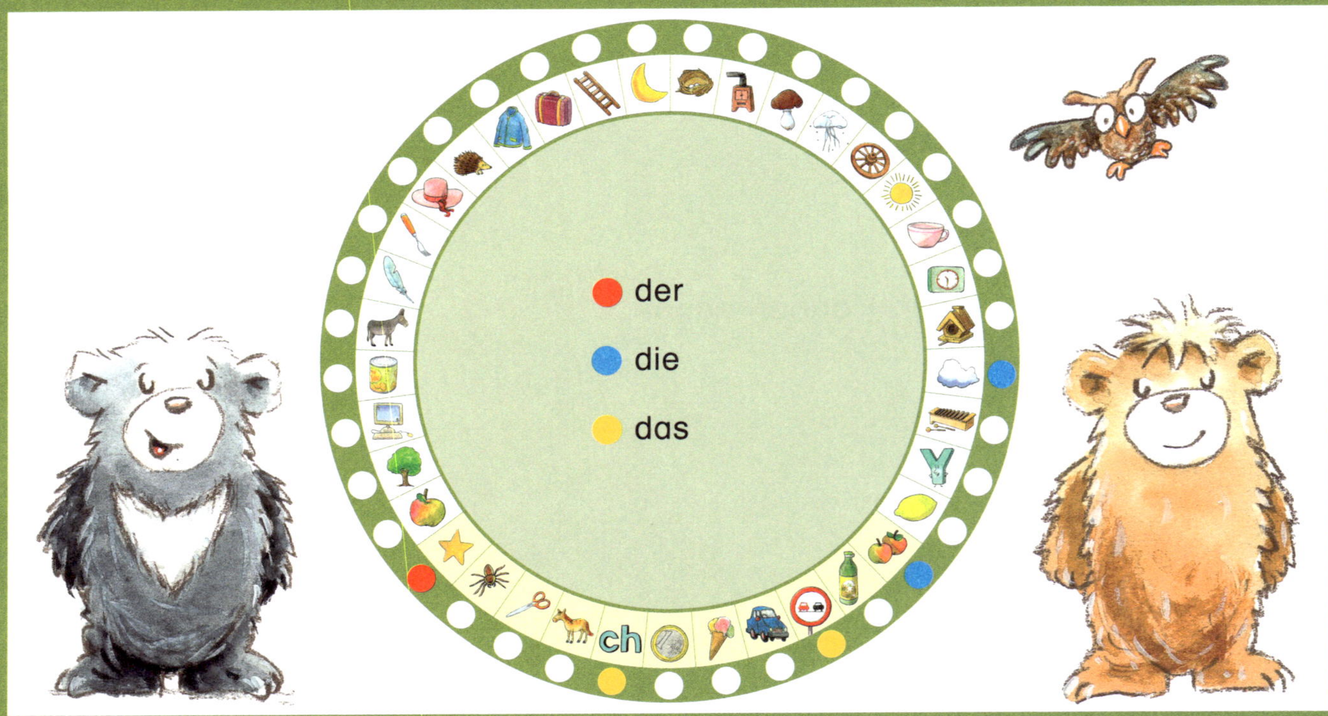

2 Artikel

der – die – das

3 Artikel

Wie sich Sachen anfühlen

	weich	hart	spitz	rund	glatt	rau
Nadel						
Wolle						
Stein						
Feder						
Korken						
Walnuss						
Bleistift						
Schwamm						

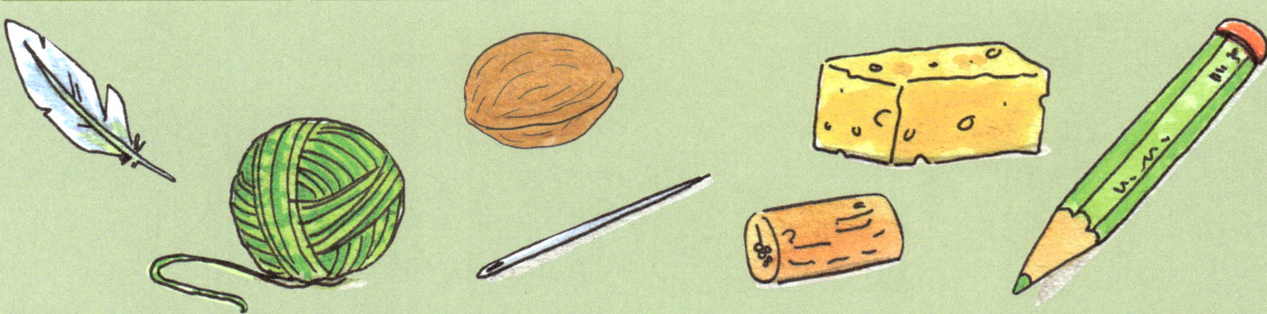

1 Fülle die Tabelle aus.

2 Trage weitere Sachen ein.

→ Lesebuch S. 20 – 21

Hier stimmt was nicht

Mit den Ohren kann man gucken,
mit den Beinen kann man spucken.
Auf der Zunge kann man kriechen,
mit den Augen kann man riechen.
Hören kann man mit den Zehen,
mit dem Mund, da kann man gehen.
Mit den Händen kann man lecken
und die Schokolade schmecken.
Mit den Knien kann man trinken,
mit der Nase kann man winken.

Damit endet das Gedicht.
Und mir scheint: Hier stimmt was nicht.

Paul Maar

1 Kennzeichne im Gedicht die elf Nomen.

2 Ergänze die Zeilen so, dass alles stimmt.

Mit den  ______________ kann man gucken,

mit dem  ______________ kann man spucken.

Mit der  ______________ kann man lecken

und die  ______________ ______________ .

Auf den 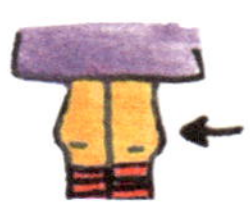 ______________ kann man kriechen,

mit der  ______________ kann man ______________ .

3 Denke dir selbst einen verdrehten Satz mit Reimen aus.

→ Lesebuch S. 20 – 21

Tierstimmen

Vor der Tür bellt ______________________ .

Im Garten miaut ______________________ .

Im Baum singt ______________________ .

Im Teich quakt ______________________ .

Im Stall grunzt ______________________ .

Im Keller piepst ______________________ .

Auf der Wiese wiehert ______________________ .

Im Wald heult ______________________ .

1 Schreibe die Nomen mit dem unbestimmten Artikel ein oder eine.

Hund Amsel Pferd Frosch Katze Wolf Maus Schwein

2 Schreibe die Nomen mit dem unbestimmten Artikel nach dem ABC geordnet auf:

eine Amsel, ein …

1	2
3	4
5	6
7	8

Es gibt
bestimmte Artikel:
der Ball, **die** Feder, **das** Auto

Es gibt auch
unbestimmte Artikel:
ein Ball, **eine** Feder

1 Unbestimmte Artikel

2 Artikel

der – die – das		ein – eine

3 Artikel

der – die – das		ein – eine

4 Artikel

Im  ist ____________  .

Auf dem  steht ____________  .

Im  ist ____________  .

Am Ende der  ist ____________  .

Hinter der  steht ____________  .

In der  ist ____________ ____________ .

5 Versteckte Wörter

S C H W A L B E
W A F F E L
A M E I S E
S C H W A N Z
H A S E L N U S S
H U S T E N T E E

ein Wal, ...

Heute geh ich aus dem Haus

Mit meinen Augen
will ich sehen.

1

Mit meinen Händen
will ich fühlen.

4

1 Malen und schreiben. Heft herstellen: - - - - - schneiden, ——— falten.

→ Lesebuch S. 22 – 23

Mit meinen Ohren
will ich hören.

Mit meiner Nase
will ich riechen.

2

3

→ Lesebuch S. 22 – 23

Du alter Baum

Text: R. Krenzer
Melodie: L. Edelkötter

1 Unter den Noten stehen die Wörter in Silben.

Sprich den Liedtext so, dass du die Silben deutlich hörst.

2 Male unter jede Silbe einen Bogen.

Du alter Baum, du bist mein Freund.
Ich bin so gern bei dir.
Und lehn' ich mich an deinen Stamm,
stehst du fest neben mir.

Ich steige hoch in dich hinein
und schaukel hin und her.
Sag, alter Baum, magst du das auch?
Bin ich dir nicht zu schwer?

Wörter bestehen aus **Silben**:
du al-ter Baum

Die Wörter kannst du so sprechen, dass du die Silben hörst:
du al - ter Baum

1 Nomen mit zwei Silben

2 Silbenrätsel

1 Silbe	2 Silben	3 Silben

Fe fon der Hut ke le li Po Rad Te Wol zei

3 Silbenrätsel

Wie viele Silben haben diese Wörter zusammen? ☐ Silben

1 Am Himmel, auf dem Baum und auf der Wiese sind je vier Nomen versteckt. Kennzeichne sie.

2 Schreibe die Nomen und male die Silbenbögen.

Nomen am Himmel:	Nomen auf dem Baum:	Nomen auf der Wiese:

3 Erzähle oder schreibe mit den Wörtern eine Geschichte.

1 Nomen mit drei Silben

Ba Do Ka La Po Te der fon le len li mi na ne ne no ter zei

 ____________________  ____________________

 ____________________  ____________________

 ____________________  ____________________

2 Text ergänzen

Der kleine  war sehr hungrig.

Da sah er einen  hoch oben am  .

Aber weil er nicht auf die  steigen konnte,

bat er den  , ihm zu helfen.

Der ____________ schüttelte den ____________ ,

und der ____________ fiel herab.

Der ____________ und der ____________

teilten sich den ____________ .

3 Silbenrätsel

        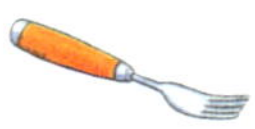 

Wie viele Silben haben diese Wörter zusammen? ☐ Silben

Detektive haben scharfe Augen

Wir Kinder halten spielen fest zusammen.

Gemeinsam sind alle wir Freunde stark.

1. In jeder Reihe stimmen zwei Bildteile nicht. Streiche sie durch.
2. Schreibe die Lösungssätze.

→ Lesebuch S. 28 – 29

Einander helfen

Das beobachte ich:

So kann ich helfen:

Mein Freund
oder meine Freundin
ist traurig.

In der Pause
wird ein Kind
geärgert.

Mein Partner
oder meine Partnerin
kann eine Aufgabe
nicht lösen.

1 Schreibe, wie du helfen würdest.

2 Schreibe, wie dir einmal jemand geholfen hat.

→ Lesebuch S. 28 – 29

Neue Freunde

Jonas ist erst zwei Tage in der neuen Klasse.
Drei Kinder findet er besonders nett.
Sara hat ihm alle wichtigen Räume gezeigt.
Nils hat ihm Aufgaben erklärt.
Lili hat rote Haare wie Jonas.
Vielleicht werden das ja
seine neuen Freunde.

1 Schreibe zu jedem Kind den Namen.

2 In der Geschichte stehen einige Nomen in der Mehrzahl. Kennzeichne sie.

Aufgabe Freund Haar Kind Raum Tag

3 Trage die Nomen in die Tabelle ein.

Verwende die Artikel der, die oder das.

Einzahl	Mehrzahl

Nomen können
in der **Einzahl** stehen:
der Freund

Nomen können
in der **Mehrzahl** stehen:
die Freunde

1

	Einzahl	Mehrzahl	

Auto Ampel Baum Bus Mensch

2 Einzahl oder Mehrzahl

Peter hat fünf ______________ .

Im Regal sitzen zwei ______________ .

Über dem Stuhl hängt seine ______________ .

Auf dem Tisch steht Peters ______________ .

Auf dem Foto sieht man ______________ .

Unter dem Bett ist eine ______________ .

Auto Hose Kiste Puppe Schiff Tasse

Meins

Augen, Nase, Mund und Ohren,
Finger, um darin zu bohren,
Arme, Hände, Füße, Beine
und des Weiteren noch meine
Brust, der Rücken ebenso
und der Kopf, der Bauch und Po:
All das und noch vieles mehr
gehört zu mir, geb ich nicht her.

Regina Schwarz

1 In dem Gedicht findest du einige Körperteile. Unterstreiche sie.

2 Schreibe die Körperteile mit dem Artikel.

Körperteile, die wir nur einmal haben: *der Bauch, …*

Körperteile, von denen wir mehrere haben: *die Augen, …*

1 Einzahl | Mehrzahl

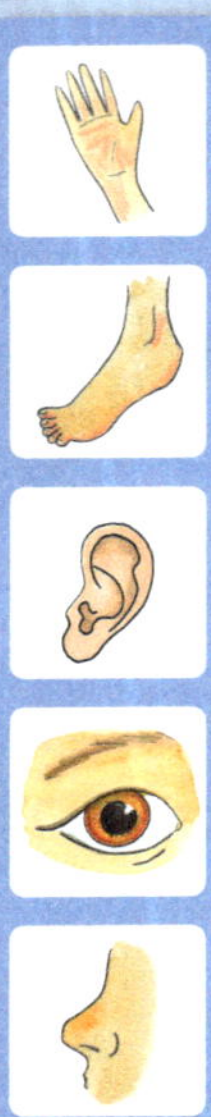

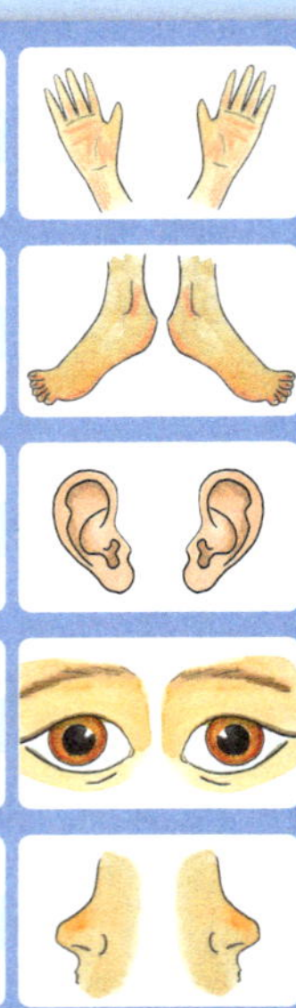

Auge Fuß Hand Nase Ohr

2 Lotta und Uhu

zwei Augen ein Bart zwei Ohren viele Federn ein Fell zwei Flügel ein Kopf

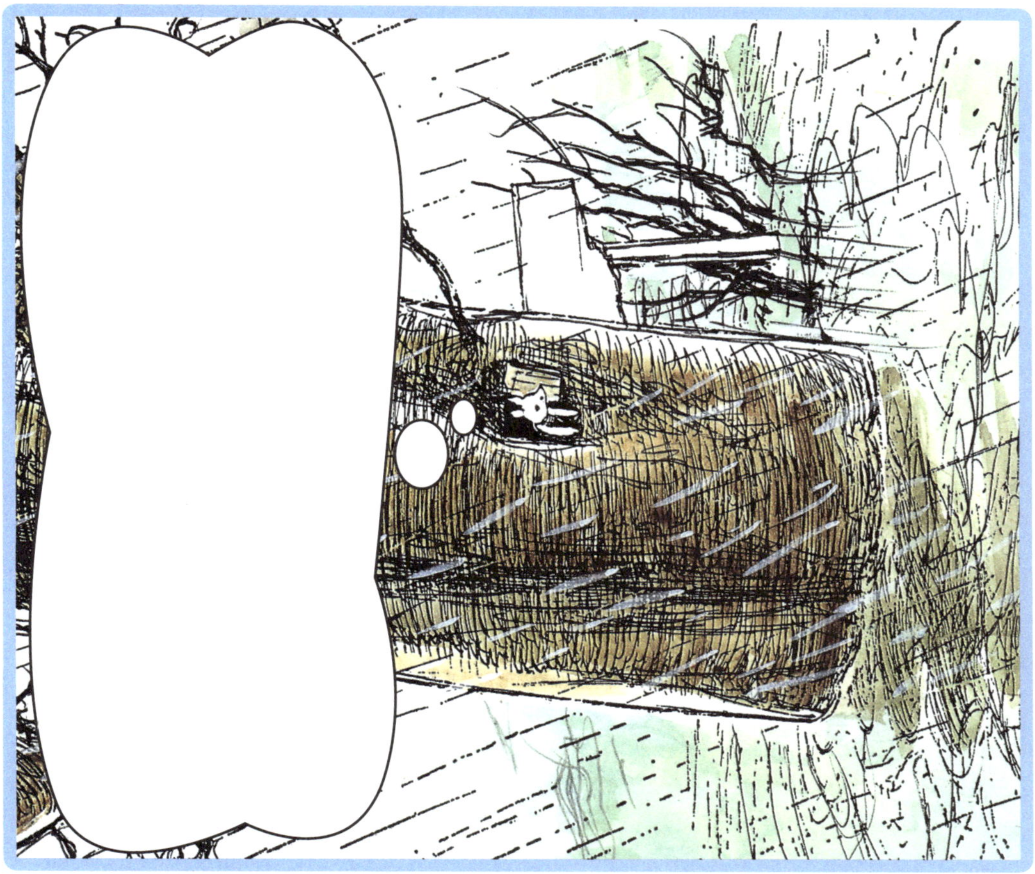

Ferkel in Not

Seit vielen Tagen regnete es nun schon.
Ferkel sah draußen nur noch Wasser.

1

Ferkel wartete und wartete ...

4

1 Malen und schreiben. Heft herstellen: ------ schneiden, —— falten.

→ Lesebuch S. 30 – 31

Was nun?
Eine Flaschenpost wäre wohl das Beste.
Ferkel schrieb eine Botschaft.

2

Ferkel steckte die Botschaft in eine Flasche.
Es verschloss die Flasche
und warf sie ins Wasser.

3

→ Lesebuch S. 30 – 31

Nur nicht aufgeben!

Daniel und Julia spielen im Hof Federball.
Hin und her fliegt der Ball.
Julia zählt mit: „ ... acht, neun, zehn."
Peng! Der Ball knallt gegen die Regentonne.
Das Spiel geht weiter.
Hoppla! Der Apfelbaum war im Weg.
Nächster Versuch.
Schwupp! Der Ball landet auf dem Hausdach.
Und nun?

1 Kennzeichne im Text die vier Wörter, die aus zwei Nomen zusammengesetzt sind.

2 Schreibe die Nomen: der Apfel, der Baum, der Apfelbaum ...

Zusammengesetzte Nomen sagen **genauer**, was gemeint ist. Aus irgendeinem Ball wird ein Federball.

Der **Artikel** richtet sich nach dem **letzten Wort:** der Federball.

1 Zwei Nomen zusammensetzen

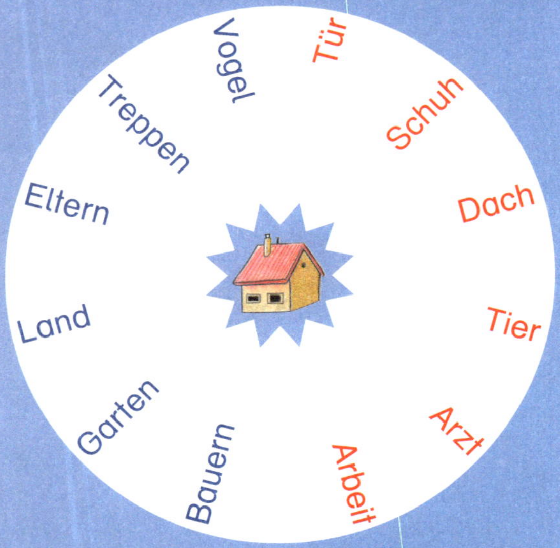

das Vogelhaus

2 Nomen zusammensetzen

Tier	Kinder	Garten
Hosen	Taschen	Tuch
Butter	Brot	Messer

3 Drei Nomen zusammensetzen

Spiel

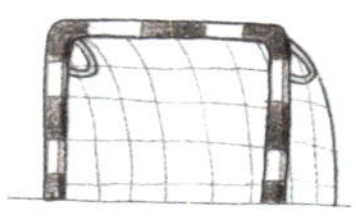

Platz

4 Nomen zusammensetzen

Welche Nomen kann man mit Auto zusammensetzen? Schreibe:

die Autobahn, ...

Schwimmen zu zweit

Der Bär treibt auf dem Wasser.
Es geht ihm richtig gut.
Die Biene kann nicht schwimmen.
Fehlt ihr dazu der Mut?

Sie setzt sich auf den Bärenbauch.
So schwimmt sie auch.

1 Male und schreibe.

→ Lesebuch S. 32 – 33

Woran denkst du?

1 Male mit weißer Farbe Sterne in den Himmel.

2 Schreibe, woran die Kinder denken könnten.

3 Gib den Kindern einen Namen und schreibe ein Gespräch der beiden auf.

→ Lesebuch S. 34 – 35

1 Trage die Nomen nach den Endungen geordnet ein.

Endung -el	Endung -en	Endung -er

2 Schreibe die Nomen mit der Endung -er . Vorsicht! Ein Wort hat ein -a am Ende.

 Koff_  Roll_  Mess_  Pizz_  Tell_  Vat_

1

-el und -er

1
2
3
4
5
6
7
8

2

Silbenrätsel

Ei – Lei – Ma – Ord – Pa – Piz – Rol – So

fa – ler – ma – mer – ner – pa – ter – za

Nomen mit -er am Wortende

Nomen mit -a am Wortende

F  er !

Aus einem Hs steigt Rch auf.

Die Lte bleiben stehen.

Eine Fr  ruft: „F  er !"

Nach kurzer Zt kommt die Ferwehr.

Auch die Poliz saust heran.

Eine Lter wird ausgefahren.

Die ____________ wird gerettet

und das ____________ schnell gelöscht.

1 Trage die zwei fehlenden Wörter ein.

2 Trage die Nomen ein und unterstreiche au, ei und eu.

au	ei	eu

au, ei und eu
nennt man **Zwielaute**
oder **Doppellaute.**

Sie gehören zu den
Selbstlauten.

1 Au, Ei, oder Eu

 mer
 le
 to
 ro
 ge
 s

Au	Ei	Eu

2 Nomen mit au, ei oder eu

 B__m
 B__n
 F__er
 Fr__
 H__s
 Kl__d
 L__ter
 L__te
 M__s
 St__n

au

ei

eu

3 Verben mit au oder ei

b__en k__fen l__fen r__ten
schn__den schr__ben t__chen w__nen

Jetzt fahr'n wir über'n See

1 Ziehe Verbindungslinien zu den richtigen Bildern und folge den Linien weiter.

	1	2	3	4	5	6	7
Lösungswort:							

2 Ergänze die Überschrift und schreibe eine Geschichte dazu.

Meine Fahrt mit dem ______________________________

→ Lesebuch S. 38 – 39

Ozeanwelle

1

Alle sitzen im Kreis.

Tom steht in der Mitte.
Er gibt das Kommando:
„Ozeanwelle links!"

ma

2

Alle Kinder setzen sich blitzschnell einen Platz weiter nach links.

Tom sucht einen freien Platz.
Aber er landet auf dem Boden.

Wel

3

„Ozeanwelle rechts!", ruft Tom.
Schnell setzen sich alle nach rechts.

Geschafft! Tom sitzt auf einem Platz.
Nun ist Lisa die Wellenmacherin.

cher

4

Lisa ruft:
„Ozeanwelle links!"

Nanu!
Tom und Lisa sitzen auf einem Stuhl.

len

1 Ordne die Bilder zu.

Lösungswort: ______ ______ ______ ______
1 2 3 4

→ Lesebuch S. 38 – 39

Bälle tragen

Die Kinder halten Tücher.
Kleine Bälle liegen darauf.
Die Kinder warten. „Fertig – los!"
Alle laufen schnell zum Ziel.
Plötzlich rufen zwei Kinder: „Halt!"

1 Kennzeichne in der Geschichte die sechs Verben.

2 Schreibe die Verben.

w r en a t		h l en a t	

3 Schreibe die Geschichte ab.

4 Male oder schreibe, wie die Geschichte weitergeht.

Wörter wie
essen, lesen, schlafen
heißen **Verben**.

Mit Verben kann man
sagen, was jemand tut.

Im Wörterheft oder Wörterbuch
stehen Verben in der **Grundform:**
essen, lesen, schlafen.

1 Verben

fliegen lesen trinken bauen schlafen singen schreiben sehen laufen

Ein Vogel kann

Er kann nicht

2 Gereimte Verben

au f
l  en
l → k

a ch
l  en
l → m

ei n
w  en
w → sch

a sch
w  en
w → n

3 Vertauschte Verben

Wir	baden	im	Heft.
Wir	schlafen	im	Buch.
Wir	fahren	im	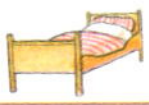 .
Wir	schreiben	im	Wasser.
Wir	lesen	im	Sand.
Wir	bauen	im	 .

4 Gereimte Verben

Welche **Verben** erkennst du?

l e s e n m a l e n r u f e n e s s e n l a c h e n h e l f e n s c h l a f e n t a n z e n

Schreibe: Wir ...

1 Bildteile einkleben.

Klappheft herstellen: ------ abschneiden, —— zweimal falten.

1

Mister Humpty Dumpty, Lupinchen
und Herr Klappaufundzu
fliegen im Papierflugzeug.

2

3

Der Wind trägt das Flugzeug
immer weiter und immer höher.
Es schwebt über den Leuchtturm.
Bald ist es über dem weiten Meer.
Und dann lässt der Wind nach.

6

Endlich kommt Robert angeflogen.
Die drei setzen sich auf seinen Rücken.
Und dann fliegt er zurück zum Festland.

→ Lesebuch S. 40 – 41

Humpty Dumpty ruft:
„Wir müssen landen! Festhalten!"

Schon landet das Flugzeug im Wasser.

Lupinchen wirft alles ins Meer.
Humpty Dumpty schöpft Wasser.

Aber umsonst.
Das Schiff ist nicht zu retten.

4

Humpty Dumpty spannt den Schirm auf.
„Schnell, alle in den Schirm!", ruft er.

Die drei warten.
Sie warten eine Ewigkeit.

5

→ Lesebuch S. 40 – 41

Ein Fernsehapparat

Lisa sagt: „Du malst den Film.
Ich schneide ein großes Fenster
und zwei Schlitze in den Karton."
Zum Schluss schreibt Tim den Titel.
Lisa fragt: „Papa,
kommst du als Zuschauer?
Unser Film heißt ____________________."

1 Schreibe einen Titel für den Film.

2 Kennzeichne in den folgenden Verben die Endung -en.

sagen malen schneiden schreiben fragen kommen heißen

3 Suche die Verben im Text und unterstreiche die Endungen -e, -st, -t.

4 Schreibe die Verben.

Endung -en	Endungen -e, -st, -t
wir	sie
wir	du
wir	ich
wir	er
wir	sie
wir	du
wir	er

Verben haben einen Hauptteil und eine **Endung**: sie sag<u>t</u>, du mal<u>st</u>, ich schneid<u>e</u>.

Den **Hauptteil** des Verbs nennt man **Stamm**: sie sagt, du malst, ich schneide.

1 Stamm und Endung

____

____

____

____

____

____

2 Verben einsetzen

baden kaufen kochen

Ich ______________________ im 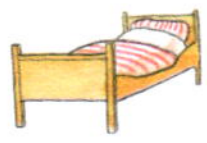 .

Opa ______________________ einen Brief.

Du ______________________ mit dem  .

Wir ______________________ in der Wanne.

Oma ______________________ in der Küche.

Ich ______________________ mir ein  .

schlafen schreiben spielen

3 Stamm und Endung

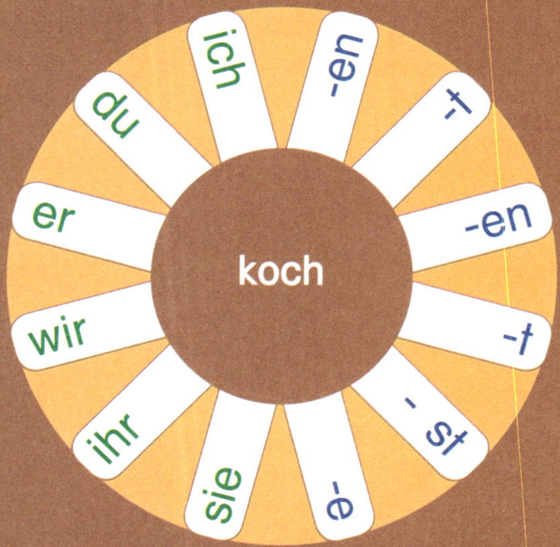

____

____

____

____

____

____

Hausspruch

1

In meinem Haus
da wohne ich,
da schlafe ich,
da esse ich.

2

Und wenn du willst,
dann öffne ich
die Tür
und lass dich ein.

3

In meinem Haus
da lache ich,
da weine ich,
da träume ich.

4

Und wenn ich will,
dann schließe ich
die Tür
und bin allein.

Gina Ruck-Pauquèt

1 Lies das Gedicht.

2 Schreibe die Teile 1 und 3 ab. Du kannst für die farbigen Verben andere einsetzen.

ich lerne — ich koche — ich tobe — ich lese — ich spiele
ich lebe — ich streite — ich rede — ich male — ich ...

3 Du kannst das Gedicht auch verändern:

In <u>deinem</u> Haus, da wohnst <u>du</u>, da schläfst <u>du</u>, ...

1 Verben einsetzen

Erzählen

Jeden Abend ______________ Papa eine Geschichte.

Lea sagt:

„Papa, ______________ von den Dinosauriern!"

Papa sagt müde:

„Heute ______________ du einmal."

„Papa, dann ______________ wir zusammen.

Ich ______________ zuerst.

Und du ______________ weiter."

Lea fängt an zu ______________:

„Ein kleiner ..."

erzählen – erzähle – erzählst – erzählt

2 Stamm und Endung

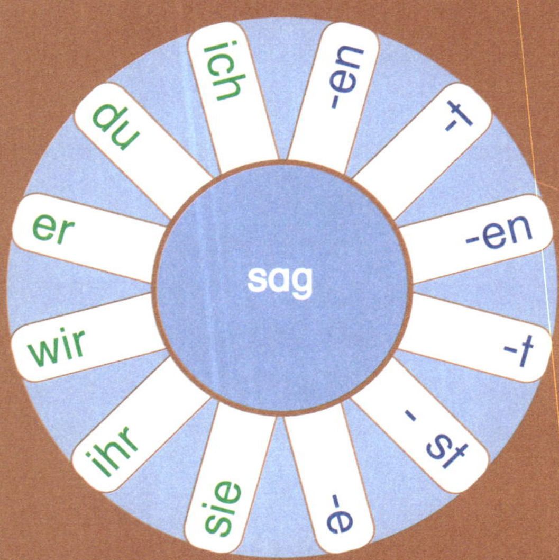

____

____

____

____

____

____

110

Ein Kind hat sich verlaufen.
Es wählt 110.

Wer spricht da?

Was ist passiert?

Wo bist du? Kannst du die Gegend beschreiben?

1 Beantworte die Fragen des Polizisten.

2 Schreibe eine eigene Geschichte.

→ Lesebuch S. 44 – 45

Wo sind wir?

Mia und Jonas wollen in die Burgstraße.
Doch sie haben sich verlaufen.
Sie fragen eine Frau nach dem Weg.

Die Frau beschreibt den Weg:
„Geht die Waldstraße bis zur Kirche.
Biegt links in die Hauptstraße ein.
An der nächsten Ecke steht ein Kaufhaus.
Geht rechts um das Kaufhaus herum,
bis zur nächsten Kreuzung.
Dort biegt ihr rechts in die Himmelstraße ein.
An ihrem Ende liegt die Burgstraße."

1 Zeichne den Weg ein, den die Kinder gehen müssen.

2 Was können sie auf ihrem Weg noch sehen?

→ Lesebuch S. 44 – 45

Wie Freunde miteinander reden

Max und Lukas sitzen in der Schule zusammen.
Immer haben sie sich etwas zu erzählen.
In der Pause reden und reden sie.
Und wenn es zur Stunde geklingelt hat,
sprechen sie immer noch weiter.
Erst wenn die Lehrerin kommt, hören sie auf.
Manchmal haben sie sich aber auch
in der Stunde etwas zu sagen.
Dann flüstern sie.

1 Kennzeichne im Text die Verben, die zum Wortfeld reden gehören.

erzählen flüstern reden sagen sprechen

2 Schreibe die Verben.

reden

3 Schreibe die Verben, die zum Wortfeld gehen gehören: Ich kann …
Zwei Verben passen nicht.

laufen schleichen rechnen gehen
hüpfen essen springen wandern rennen

Verben mit **ähnlicher Bedeutung** kann man zu einem **Wortfeld** ordnen.

Wortfeld „reden“:
sprechen, sagen, …

1 Zwei Wortfelder

lachen  heulen  lächeln

jammern weinen

kichern grinsen schluchzen

 ______________________

 ______________________

2 Verben einsetzen

Wenn Tim zu Hause ist,

______________ er von der Schule.

Er ______________ ohne Pause.

Und wenn er essen soll,

______________ er immer noch.

Mutter ______________ : „Mund zu!"

Tim ______________ :

„Wie soll ich dann essen?"

antwortet erzählt fragt meint redet sagt spricht

3 Verben einsetzen

„Pass doch auf!", ______________ Lea.

„Entschuldige bitte!", ______________ Tim.

„So ein Esel", ______________ Lea.

ruft denkt schreit sagt brüllt antwortet meint schimpft findet

Miteinander

Tim und Lisa wollen ein Plakat
zu einem Haustier herstellen.
Zuerst müssen sie ein Tier auswählen.
Dann überlegen sie, wie sie die Arbeit aufteilen.

Das sind ihre Aufgaben:

- in Büchern nachschlagen,
- Bilder ausschneiden oder abmalen,
- Texte abschreiben,
- Texte ausdenken und aufschreiben.

1 Kennzeichne im Text die Verben, die eine Vorsilbe haben.

ab	auf	aus
her	nach	über

2 Schreibe die Verben und kennzeichne die Vorsilben.

Mit **Vorsilben** kann ein **Verb genauer** sagen, was gemeint ist.

Aus schreiben wird abschreiben oder aufschreiben.

1 Verben mit Vorsilben

anrufen aufessen austrinken
einschlafen mitfahren vorlesen

2 Verben mit Vorsilben

anhalten einschenken anmalen
abschneiden anziehen aufstehen

3 Vorsilben anfügen

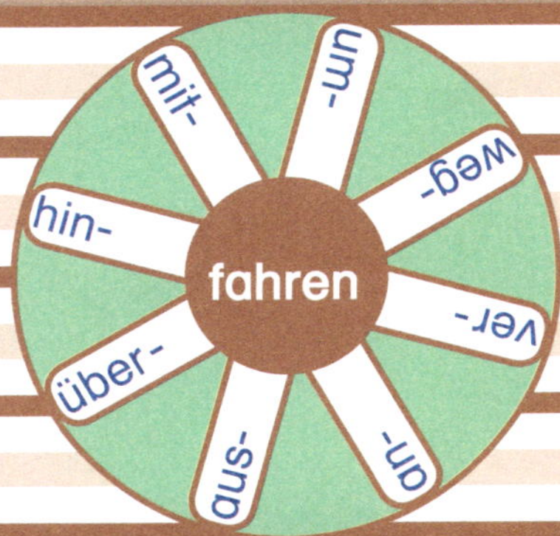

4 Verben einsetzen

an
auf
be
los
mit
ver

Wer im  ______fahren will,
muss sich ______schnallen.

Wer mit dem  ______fahren will,
muss einen Helm ______setzen.

Wer mit der  ______reisen will,
muss dafür ______zahlen.

Beegu auf der Erde

☐ Beegu wollte schon lange einmal
die Erde besuchen.
Eines Tages beschloss sie,
einen Ausflug dahin zu unternehmen.
Sie landete mitten im Wald.

☐ Als Beegu einen Weltraumausflug machte,
fing ihr Raumschiff plötzlich an zu quietschen und zu ruckeln.
Wenig später stürzte es ab. Geradewegs auf die Erde.

☐ Beegu war mit ihrem Raumschiff unterwegs zum Planeten Pluto.
Doch plötzlich stürzte das Raumschiff auf die Erde.
Mitten in eine Stadt.

1 Welcher Text passt zum Bild?

2 Verbinde die Bilder mit den passenden Sätzen.

Die Hundebabys in der Kiste werden Beegus Freunde.	Beegu darf nicht bei ihren Freunden bleiben.	Beegu ist ganz allein. Niemand versteht sie.

3 Wie fühlt sich Beegu wohl auf der Erde?

→ Lesebuch S. 48 – 49

Endlich!

Beegus Mutter ist gelandet.

1 Male und schreibe.

→ Lesebuch S. 48 – 49

Allein

Beguu suchte sich Freunde sie spielte mit den jungen Hunden der Mann jagte sie aber fort dann spielte Beguu mit den Kindern doch auch hier durfte Beguu nicht sein da war sie sehr traurig sie dachte an ihre Mutter

1 Dieser Text ist schwer zu lesen, weil die Punkte fehlen.
Mache einen Strich, wo ein Satz zu Ende ist. Es sind sieben Sätze.

2 Schreibe den Text ab und setze die Punkte. Achte auf das erste Wort im Satz.

Wenn ein **Satz** zu **Ende** ist, setzt man einen **Punkt.**

Das **erste Wort** im Satz schreibt man **groß.**

1 Fünf Sätze

Zuerst esse ich Anna rufe ich danach an mit dem Fahrrad fahre ich zu ihr im Fernsehen sehen wir einen Film leider muss ich bald nach Hause fahren

2 Punkt oder Fragezeichen

3 Punkt oder Fragezeichen

4 Vier Sätze

Jeden Nachmittag spiele ich mit meinem Freund manchmal darf ich bei ihm schlafen dann erzählen wir uns Geschichten am anderen Morgen gehen wir gemeinsam den Weg zur Schule

Maria ist bei Nils es ist schon fünf Uhr da soll Maria doch schon zu Hause sein aber die Kinder wollen ihre Stadt so gern zu Ende bauen schnell ruft Maria ihre Mutter an zum Glück darf sie noch eine Stunde bleiben

1 Mache einen Strich, wo ein Satz zu Ende ist. Es sind sechs Sätze.

2 Wähle eine Überschrift für den Text aus und schreibe sie.
Schreibe das erste Wort der Überschrift groß.

bei Nils	noch eine Stunde	zu Ende bauen	fünf Uhr

3 Schreibe den Text mit der Überschrift ab.

Eine **Überschrift** schreibt man **groß.**

Nach einer Überschrift steht **kein Punkt.**

1 Punkt oder Fragezeichen

Was ist das
Es hängt an der Wand und macht tick-tack

Wer bin ich
Ich gehe alle Tage aus und bleibe doch in meinem Haus

Wer ist das
Er frisst immer mit zwei Löffeln

2 Fünf Sätze

In den Ferien schwimme ich im
Sand baue ich eine Burg im
Tretboot fahre ich mit Vater ins
Bett gehe ich spät durch das
Fernglas beobachte ich die Sterne

3 Sechs Sätze

Es war einmal ein kleiner Pirat der fuhr mit seinem Boot hinaus auf das Meer bald erreichte er eine Insel dort suchte er nach einem Schatz am Strand fand er eine Kiste er hatte aber keinen Schlüssel

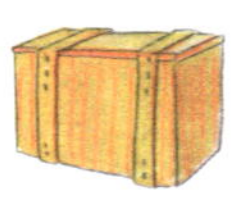

Emma und Tristan

Es ist ______________ .

Hell leuchtet der runde ______________

und tausend ______________ glitzern .

Emma geht hinunter an den ______________ .

Unter dem Arm trägt sie ein ______________ .

Ihr ______________ Tristan begleitet sie .

Plötzlich entdeckt sie eine ______________ im Meer .

1 Trage die passenden Wörter in die Lücken ein.

Flasche   Hund   Kissen   Mond   Nacht   Sterne   Strand

2 Welche Sätze sind richtig?

	richtig	falsch
Emma hat die Flasche in der Hand.	T	F
Sie wirft die Flasche ins Meer.	o	r
Der Hund sitzt und wartet.	i	a
Er trinkt aus der Flasche.	f	s
Die Flasche ist aus grünem Glas.	t	k
Sie ist zerbrochen.	l	a
In der Flasche wohnen Seehunde.	r	n

Lösungswort: ______________________

→ Lesebuch S. 50 – 51

Der Flaschengeist

1 Male und schreibe.

→ Lesebuch S. 50 – 51

Froschkönig

„Warum weinst du __”

„Meine Kugel liegt dort im Brunnen __”

„Soll ich sie dir holen __”

„Ja, bitte __”

„Was gibst du mir dafür __”

„Was willst du denn haben __”

„Nimm mich mit zu dir __”

„Das geht nicht __”

„Warum denn nicht __”

„Weil du ein Frosch bist __”

1 Trage die fehlenden Punkte und Fragezeichen ein.

2 Schreibe das Gespräch ab. Vergiss die Punkte und die Fragezeichen nicht.

Am Ende eines **Fragesatzes** steht ein **Fragezeichen**.

1 Punkt oder Fragezeichen

„Wer ist da __”

„Hier ist eure Mutter __

Warum macht ihr nicht auf __”

„Du bist nicht unsere Mutter __”

„Woher wisst ihr das __”

„Deine Stimme klingt so rau __”

2 Punkt oder Fragezeichen

 „Warum hast du so große Ohren __”

 „Damit ich dich besser hören kann __”

 „Warum hast du so große Augen __”

 „Damit ich dich besser sehen kann __”

 „Warum hast du so große Hände __”

 „Damit ich dich besser packen kann __”

 „Warum hast du so ein großes Maul __”

 „Damit ich dich besser fressen kann __”

1 Bildteile einkleben; in die Sprechblasen schreiben.

Heft herstellen: ------ abschneiden, —— falten.

Barnie

An jedem Wochenende repariert Barnies Herrchen das Auto.

Dann darf Barnie mit nach draußen.

1

Am Abend wird Barnie vermisst.

4

→ Lesebuch S. 52 – 53

Barnie kann es seinem Herrchen
nie recht machen.
Was er auch tut,
Herrchen meckert nur.

2

Barnie bringt den Hammer.
Aber Herrchen schimpft
wieder nur mit ihm.

3

→ Lesebuch S. 52 – 53

1 Gehe mit den Augen durch die Steinspirale. Merke dir möglichst viele Wörter.

2 Decke die Steinspirale zu. Kennzeichne die Wörter, die du dir gemerkt hast. Zwei Wörter stehen nicht in der Spirale.

Spaß Spiel spielen spitz Sport springen

Stadt stark steigen Stein still Straße

3 Trage die Wörter ein.

Sp	sp	St	st

Manche Wörter spricht man am Wortanfang „schp" oder „scht".

Man schreibt diese Wörter aber mit Sp/sp oder St/st.

1 Nomen mit Sp und St

 ern  inne  uhl  raße  iel  ein

2 Sätze

- sich die streiten Kinder
- viele stehen Himmel Sterne am
- Autos die im stehen Stau
- Katze Stuhl springt den die auf

3 Nomen | Verben

Straße Spaß spielen Stadt stehen steigen Sport springen

4 Spaßsatz

Vor dem ___au auf der ___raße ___ehen ___örche ___ill im ___urm.

In diesem Spaßsatz beginnen viele Wörter mit St oder st.